AF248290

443

DEUXIÈME
CONGRÈS OUVRIER CHRÉTIEN

REIMS, 12, 13 et 14 Mai 1894

AU PENSIONNAT DES FRÈRES, 37, RUE DE VENISE

VŒUX PROPOSÉS

RENSEIGNEMENTS DIVERS

REIMS

IMPRIMERIE DE L'ARCHEVÊCHÉ (N. MONCE, Dir.)

Rue Pluche, 24

Prix de cette Brochure : 15 cent.

TABLE

SOMMAIRE DES VŒUX

DEUXIÈME
CONGRÈS OUVRIER CHRÉTIEN

REIMS, 12, 13 et 14 Mai 1894

AU PENSIONNAT DES FRÈRES, 37, RUE DE VENISE

———

VŒUX PROPOSÉS

RENSEIGNEMENTS DIVERS

REIMS

IMPRIMERIE DE L'ARCHEVÊCHÉ (N. MONCE, Dir.)

Rue Pluche 24

PROGRAMME DU CONGRÈS OUVRIER CHRÉTIEN

REIMS, 12, 13 et 14 Mai 1894

ADOPTÉ PAR LA COMMISSION D'INITIATIVE

Ire SECTION.
Intérêts généraux des Ouvriers.

1re QUESTION. — *Dimanche.*
2e QUESTION. — *Famille.*
3e QUESTION. — *Presse.*

IIe SECTION.
Usine.

4e QUESTION. — *Salaire.*
5e QUESTION. — *Conseils d'usine.*
6e QUESTION. — *Conseils de conciliation et d'arbitrage.*
7e QUESTION. — *Hygiène.*

IIIe SECTION.
Associations.

8e QUESTION. — *Cercles chrétiens d'études sociales. Relations. Fédération.*
9e QUESTION. — *Syndicats mixtes.*
10e QUESTION. — *Syndicats ouvriers.*
11e QUESTION. — *Représentation des intérêts.*
12e QUESTION. — *Notre-Dame de l'Usine.*

IVe SECTION.
Institutions économiques.

13e QUESTION. — *Sociétés de secours mutuels.*
14e QUESTION. — *Coopératives de consommation.*
15e QUESTION. — *Caisses de retraite.*
16e QUESTION. — *Prêts gratuits.*
17e QUESTION. — *Secrétariat du Peuple.*

ORDRE DU JOUR DES TRAVAUX DU CONGRÈS

SAMEDI 12 MAI

<table>
<tr><td rowspan="1" style="writing-mode: vertical-rl">A 8 heures du soir</td><td>

Séance d'ouverture.

Discours du Président.

Avis et vérification des pouvoirs.

Discours de M. DEVERTUS sur la Représentation des intérêts.

Discours de M. KERGALL, Directeur du *Syndicat économique agricole*, 30, rue de Provence, Paris.

</td></tr>
</table>

DIMANCHE 13 MAI

<table>
<tr><td style="writing-mode: vertical-rl">De 9 h. 1/2 à 11 h. 1/2</td><td>

1re COMMISSION. — *3e question* : Presse.

2e COMMISSION. — *4e question* : Salaire.

3e COMMISSION. — { *9e question* : Syndicats mixtes. / *10e question* : Syndicats ouvriers.

4e COMMISSION. — *13e question* : Sociétés de secours mutuels.

</td></tr>
<tr><td style="writing-mode: vertical-rl">De 3 h. 1/2 à 6 h. 1/2</td><td>

1re COMMISSION. — *1re question* : Dimanche.

2e COMMISSION. — *5e question* : Conseils d'usine.

3e COMMISSION. — *11e question* : Représentation des intérêts.

4e COMMISSION. — *14e question* : Coopératives de consommation.

</td></tr>
<tr><td style="writing-mode: vertical-rl">8 heures du soir</td><td>

Assemblée générale.

M. CORDIER (d'Angers), Subventions des Conseils municipaux aux Écoles libres.

M. PAYAN (de Reims), Coopératives de consommation.

M. L. CHEVALIER (de Paris), Devoirs de l'Ouvrier chrétien dans le temps présent.

M. LECLERC (de Lille), Union démocratique du Nord.

M. l'abbé LEMIRE, **Allocution.**

</td></tr>
</table>

LUNDI 14 MAI

De 8 h. 1/2 à 11 h.

1re COMMISSION. — *2e question* : Famille.

2e COMMISSION. — *6e question* : Conseils de conciliation et d'arbitrage.

3e COMMISSION. — *8e question* : Cercles chrétiens d'études sociales. Relations. Fédération.

4e COMMISSION. — *15e question* : Caisses de retraite.

1 h. 1/2 à 3 h.

2e COMMISSION. — *7e question* : Hygiène.

3e COMMISSION. — *12e question* : Notre-Dame de l'Usine.

4e COMMISSION. — *16e question* : Prêts gratuits.

4e COMMISSION. — *17e question* : Secrétariat du Peuple.

De 3 1/2 à 5 h.

Assemblée générale.

M. DOMBRAY-SCHMIDT (de Charleville), **Situation des ouvriers dans les Ardennes.**

M. DECOPMAN (de Tourcoing), **Situation actuelle des esprits dans la classe ouvrière.**

M. PILLET (de Tours), **La Famille.**

M. HARMANT (de Wasmes), **Institutions ouvrières en Belgique, Sociétés de logement, etc.**

Discours du Vice-Président.

COMPOSITION DES BUREAUX

BUREAU D'HONNEUR

Président d'honneur : M. Léon HARMEL.

Membres consultatifs :
- M. l'abbé LEMIRE.
- M. KERGALL.
- M. HARMANT.

BUREAU DU CONGRÈS

Président : M. ROBERT, serrurier, à Reims.

Membres consultatifs :
- Mgr PETIT, délégué de Mgr l'Archevêque de Lyon.
- M. l'abbé BAYE, curé-doyen de Saint-Remy, à Reims.

Vice-Présidents :
- M. DORGET, tisseur, à Reims.
- M. P. LECLERCQ, serrurier, à Lille.
- M. LE CHEVALIER, tourneur-robinettier, à Paris.
- M. VALIN, typographe, à Marseille.

Secrétaire : M. SOGNY, employé d'usine, à Reims.

Vice-Secrétaire : M. CORVISIER, employé d'usine, au Val-des-Bois.

PREMIÈRE SECTION

Président : M. L. LEMAIRE, tisseur, à Reims.

Membre consultatif : M. l'abbé PASTORET.

Vice-Président : M. PILLET, typographe, à Tours.

Secrétaire : M. LINGAT, comptable, à Reims.

DEUXIÈME SECTION

Président : M. RENAULT, apprêteur, à Reims.

Membre consultatif : M. l'abbé RABIER, à Blois.

Vice-Président : M. J. CHAMBROT, ouvrier en chaussures, à Blois.

Secrétaire : M. COTY, employé d'usine, à Reims.

Les Commissaires d'ordre pour la gare porteront à la boutonnière la rosette bleue et blanche; pour l'Assemblée, la rosette tricolore.

3° Le *Secrétariat des Travaux,* chargé d'assurer la rentrée des Rapports faits par les différents groupes. Les Rapports doivent parvenir avant le 15 avril; faute de quoi, il sera impossible d'en tenir compte dans les Réunions du Congrès.

Commissaire : M. A. Sacotte, ouvrier d'usine, Val-des-Bois (Marne).

4° Le *Secrétariat des Finances,* chargé des souscriptions et de leur emploi, ainsi que de la délivrance des cartes de Membres honoraires et invités.

Commissaire : M. Bernard, employé d'usine, 85, rue du Barbâtre, Reims.

Article III.

Sections.

Afin d'arriver à traiter plus de questions durant les deux jours du Congrès, les travaux sont divisés en quatre sections:

I. *Intérêts généraux des Ouvriers :* Repos dominical, Famille, Presse;

II. *Usine :* Salaire, Conseils d'usine, de conciliation et d'arbitrage, Hygiène;

III. *Syndicats et Corporations :* Cercles chrétiens d'études sociales, Relations, Fédération, Syndicats mixtes, Syndicats ouvriers, Représentation des intérêts, N.-D. de l'Usine;

IV. *Institutions économiques et de prévoyance :* Mutualité, Coopération, Retraites, Prêts gratuits, Secrétariat du Peuple.

Ces Sections ont leurs Réunions simultanées, chacune dans une salle spéciale indiquée par des affiches.

Article IV.

Associations adhérentes.

Les Associations adhérentes ont été classées en dix-neuf régions, dont nous donnons la liste plus loin (page 43).

Chaque groupe a son numéro d'ordre qui figure sur le recto

CONGRÈS OUVRIER CHRÉTIEN

REIMS, 12, 13 et 14 Mai 1894

AU PENSIONNAT DES FRÈRES, 37, RUE DE VENISE

RÈGLEMENT

ARTICLE PREMIER.

Congrès.

Un Congrès ouvrier chrétien aura lieu à Reims, les 12, 13 et 14 mai 1894.

ARTICLE II.

Commission d'initiative.

Une Commission d'initiative est formée pour préparer le Congrès ; elle comprend quatre Secrétariats :

1° Le *Secrétariat d'Admission*, pour solliciter les adhésions, admettre les groupes et délivrer les cartes des Membres actifs et consultatifs.

Commissaire : M. Louis LEMAIRE, tisseur, 29, rue Saint-Bernard, Reims.

2° Le *Secrétariat d'Organisation*, pour les installations, les séances des Assemblées. Ce Secrétariat est également chargé de recevoir les adhérents du dehors, de les guider durant leur séjour, et de pourvoir à leur logement et à leur nourriture ; enfin, il choisit les Commissaires d'ordre, qui devront être présents à chaque Réunion avec leurs insignes.

Commissaire général : M. COLMAR, garçon de magasin, 150, rue du Faubourg-Cérès, Reims.

Chef des Commissaires d'ordre : M. THIÉBAUD, serrurier.

TROISIÈME SECTION

Président :   M. DOMBRAY-SCHMIDT, employé, à Char-
leville.
Membre consultatif :   T. R. Père PATRIS.
Vice-Président :   M. DEVERTUS.
Secrétaire :   M. TOUROLLE, tisseur, à Reims.

QUATRIÈME SECTION

Président :   M. CORDIER, employé d'usine, à Angers.
Membre consultatif :   M. l'abbé SIX.
Vice-Président :   M. DECOPMANN, tisseur, à Tourcoing.
Secrétaire :   M. PAYAN, peintre sur verre, à Reims.

SECRÉTARIAT

Cartes du Congrès — Renseignements

M. BERNARD, employé d'usine, à Reims.
M. SACOTTE, ouvrier d'usine au Val-des-Bois.

MM. les Membres consultatifs sont invités à donner leur avis dans les diverses Sections.

de la carte pour les Membres actifs et pour les Membres consultatifs.

Article V.

Membres du Congrès.

Membres actifs. — Le Congrès est essentiellement ouvrier. Pour être Membre actif, il faut : 1° travailler pour le compte d'un patron comme ouvrier, contre-maître ou employé ; 2° avoir une lettre ou un diplôme établissant qu'on appartient à un groupe accepté par la Commission d'initiative.

Les *Membres consultatifs* sont désignés parmi les Membres non ouvriers des Associations ouvrières, soit par la Commission d'initiative, soit par les groupes représentés ; chaque groupe ne peut désigner qu'un Membre consultatif. Ces Membres n'ont pas voix délibérative, mais seulement consultative. Ils peuvent siéger au Bureau dans les diverses séances, sur la décision du Bureau du Congrès.

Sont *Membres honoraires,* ceux qui ont versé une souscription de *dix francs* et qui sont acceptés par la Commission d'initiative. Ils ont des places réservées dans les diverses Réunions.

Les *Invités* sont admis aux Réunions avec des cartes spéciales, moyennant le versement de *deux francs* pour couvrir les frais du Congrès.

Les cartes sont nominatives et de diverses couleurs :

Rouge pour les Membres actifs ;

Bleu pour les Membres consultatifs ;

Blanc pour les Membres honoraires ;

Jaune pour les Invités.

Elles sont rigoureusement exigées à l'entrée des salles.

Les Dames peuvent accompagner leur mari et assister aux Séances générales et de Sections.

Article VI.

Délégués.

Chaque groupe désignera un ou plusieurs Délégués, munis de pouvoirs réguliers, pour représenter ses Associés et voter en leur nom. On pourra en avoir un ou plusieurs par Section.

Article VII.

Votes.

Les propositions de la Commission d'initiative étant le résultat des Rapports divers reçus, et de l'étude approfondie des questions, sont mises aux voix avant toutes autres.

Les votes ont lieu dans les Sections et sont acquis sans avoir besoin de la sanction de l'Assemblée générale.

Il y a deux sortes de votes : le vote général de tous les Membres présents, en levant la carte de Membre actif, et le vote par groupe représenté. Ce dernier a lieu chaque fois que cinq Membres actifs en font la demande. En ce cas, le Délégué de chacune des Associations représentées doit signer sur une des deux feuilles préparées par le Bureau, l'une pour l'approbation de la proposition, et l'autre pour son rejet.

Le vote par Association sera considéré comme supérieur au vote général. Cependant, celui-ci restera acquis si le vote par Association n'a pas été demandé au moment de la mise aux voix.

Article VIII.

Horaire.

Samedi. — 8 heures du soir, Séance d'ouverture.

Dimanche :
- 9 h. 1/2 à 11 h. 1/2, Première Séance de Sections.
- 3 h. 1/2 à 6 h. 1/2, Deuxième Séance de Sections.
- 8 h. du soir, Assemblée générale.

Lundi :
- 8 h. 1/2 à 11 heures, Troisième Séance de Sections.
- 1 h. 1/2 à 3 heures, Quatrième Séance de Sections.
- 3 h. 1/2 à 5 heures, Assemblée générale.
- On pourra prendre les trains du soir.

Article IX.

Séances.

Les Séances de Sections ont lieu dans des salles séparées. Elles admettent les Membres actifs et consultatifs, les Membres honoraires et les Invités qui le désirent. Les Dames qui accompagnent leur mari peuvent également y assister.

Les Membres actifs seuls ont le droit de prendre la parole dans les Commissions ; pour les autres, le Bureau reste juge. Le Règlement interdit de parler plus de cinq à six minutes ; exception est faite pour le Rapporteur.

ARTICLE X.

Logements.

Les Délégués du dehors sont invités à prévenir de l'heure de leur arrivée en gare de Reims. Autant que possible, il sera utile d'arriver le samedi soir 12 mai, ou au moins le dimanche dès le matin.

ARTICLE XI.

Offices religieux.

Dimanche — Solennité de la Pentecôte.
7 h. 1/2, Messe du Congrès à la basilique Saint-Remy.
11 h. 1/4, Messe basse au Pensionnat pour les arrivants.
2 heures, Vêpres à Saint-Remy.

Lundi — 7 heures du matin, Messe du Congrès, chapelle de Notre-Dame de l'Usine à Saint-Remy.

VOEUX

Iʳᵉ SECTION. — Iʳᵉ QUESTION.

Le Dimanche.

VŒUX ÉMIS PAR LE CONGRÈS EN 1893.

1° Le Congrès émet le vœu que la loi du 2 novembre 1892 soit modifiée, et que le dimanche soit le jour choisi pour le repos hebdomadaire;

2° Que les engagements pris par le gouvernement français au Congrès de Berlin, sur ce sujet, soient rigoureusement appliqués en France;

3° Que le travail soit complétement supprimé le dimanche dans les administrations publiques;

4° Considérant que l'obligation de travailler le dimanche dans les ateliers d'apprêts résulte de la mise en demeure, faite par les négociants aux apprêteurs, de livrer les commandes dans un délai déterminé, le Congrès demande qu'instance soit faite par les apprêteurs auprès des négociants, pour que ceux-ci demandent que dans toute commande l'on défalque le dimanche;

Considérant que le travail du dimanche imposé aux ouvriers, spécialement dans le bâtiment, résulte d'une manière générale de l'obligation d'exécuter certains travaux dans une mesure de temps déterminé, et considérant que plus l'offre du travail est abondante, plus la main-d'œuvre est dépréciée et moins payée, nous désirons:

a) Que dans tout contrat, lorsque l'on stipule le temps au terme duquel le travail devra être livré et exécuté, défalcation soit faite du dimanche pour que l'ouvrier se repose;

b) Que les ouvriers eux-mêmes, soit par la force que leur donnera l'association, soit par des pétitions, fassent instance auprès des pouvoirs publics pour obtenir la suppression du travail du dimanche,

RÉSOLUTIONS PROPOSÉES EN 1894.

Le Congrès, considérant que le repos du dimanche est le droit le plus sacré de l'ouvrier, que sa violation constitue un triple attentat contre sa vie physique, morale et religieuse, qu'elle dissout les liens de famille et de société, et qu'ainsi elle menace de nous faire rétrograder vers la barbarie,

Renouvelle énergiquement les vœux déjà émis au Congrès de 1893.

Considérant que l'expérience de l'Angleterre et des États-Unis montre que l'arrêt du samedi après-midi est la garantie du repos du dimanche, il émet le vœu :

Que le travail cesse dès le samedi vers quatre heures au plus tard, pour permettre à tous les membres de la famille de mettre tout en ordre à la maison, et de se reposer complétement le dimanche.

Pour corroborer les considérants en faveur du repos du dimanche, nous donnons ci-dessous l'échelle des accidents du travail, classés par jours de la semaine. Nous avons emprunté cette statistique à une revue technique, Le Génie civil :

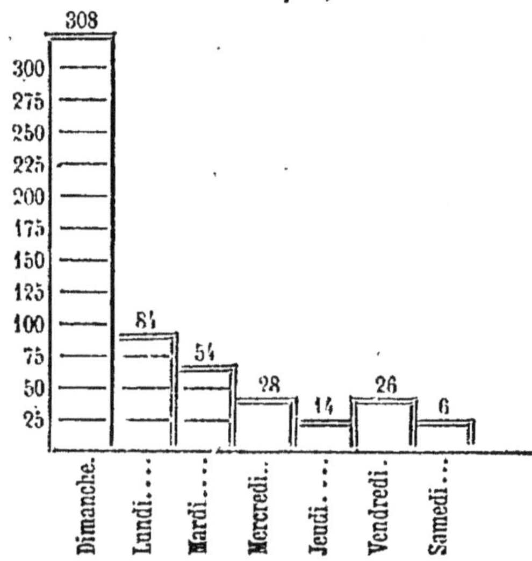

On voit ainsi combien ce travail, défendu par Dieu, est souvent puni par lui.

Iʳᵉ SECTION. — 2ᵉ QUESTION.

La Famille.

VŒUX ÉMIS PAR LE CONGRÈS EN 1893.

Éducation morale.

1º Que l'éducation morale soit basée sur l'éducation religieuse, et que l'enseignement religieux soit inscrit à nouveau dans les programmes officiels de l'instruction primaire ;

2º En supposant un programme commun adopté pour toute la France, comprenant les matières indispensables et d'utilité générale (lecture, écriture, arithmétique, etc.), que l'éducation intellectuelle tienne compte de l'aptitude de l'enfant et des besoins généraux du pays ;

3º Les programmes d'enseignement primaire étant en général trop étendus, il faudrait les réduire à l'indispensable et charger des commissions scolaires locales, composées en majorité de pères de famille, de les compléter en ce qui concerne l'éducation professionnelle ;

4º Que le certificat d'études soit remplacé par des examens trimestriels et annuels, ayant pour sanction à la fin des études un certificat de même valeur que le certificat actuel. Les parents des élèves seraient invités à assister à ces examens ;

5º Que l'école ménagère soit rendue obligatoire dans toutes les écoles de filles ;

6º Que des travaux professionnels soient exécutés dans les écoles de garçons, sous la direction et la responsabilité de l'instituteur, avec le concours d'ouvriers capables et intelligents habitant la commune ;

7º Considérant que les ouvriers chrétiens paient deux fois l'éducation de leurs enfants : 1º par des impôts communs à tout citoyen et appliqués uniquement à l'éducation laïque dont ils ne veulent pas ; 2º par les cotisations nécessaires à l'établissement et à l'entretien des écoles libres dont ils ont besoin ; le Congrès proteste contre une injustice aussi criante, et demande que l'État pourvoie à une répartition plus équitable des charges et des secours.

Octrois.

Considérant que l'octroi est un impôt improportionnel qui pèse plus lourdement sur les classes ouvrières, particulièrement sur les nombreuses familles ;

Considérant que le recouvrement de cet impôt est dispendieux et entrave les transactions commerciales,

Le Congrès exprime le vœu de voir supprimer les octrois dans les villes où il est établi.

Organisation intérieure de l'usine.

1° Le Congrès émet le vœu que la journée de travail soit réduite à onze heures, sauf le cas de force majeure, et que les heures de repas coïncident avec l'heure de rentrée des enfants de l'école ;

2° Que les femmes et les jeunes filles quittent l'atelier cinq minutes avant les hommes ;

3° Que dans les ateliers, autant que possible, les sexes soient séparés ;

4° Qu'une commission de surveillance soit nommée à l'effet de veiller à la moralité de l'usine, et de s'entendre avec le patron contre toute infraction commise en cette matière ;

5° Que, par le contrôle permanent du patron, les contre-maîtres soient souvent rappelés au sentiment de la responsabilité et au devoir de la surveillance ;

6° Que la paie soit faite au père ou à la mère de famille, ou au moins que l'on remette à l'enfant un bulletin de paie que celui-ci sera obligé de remettre aux parents.

Un délégué de Charleville propose le vœu suivant qui est ratifié :

Le Congrès émet le vœu que, dans les industries du fer où les travaux sont trop forts pour les femmes, on laisse aux vieux ouvriers fatigués ces travaux, qui les aideraient à vivre, et qui, par l'habitude qu'ils en ont, ne sont pas au-dessus de leurs forces.

RÉSOLUTIONS PROPOSÉES EN 1894.

Le Congrès, considérant que la Famille est antérieure à la société, qu'elle a ses lois propres qu'il n'appartient à aucune

puissance humaine de modifier, que sa stabilité et sa prospérité
sont la condition essentielle de la prospérité et de la stabilité de
la nation, que certaines mesures législatives lui ont porté de
graves atteintes, que, d'autre part, l'organisation du travail
ne respecte pas assez ses droits ni ses intérêts,

Émet les vœux suivants :

1° Époux.

L'indissolubilité du mariage est nécessaire pour le bonheur
du ménage ; elle est indispensable pour l'éducation des enfants.
Nous demandons que la loi sur le divorce soit rapportée.

2° Enfants.

Demander aux pouvoirs publics :

a) Que l'éducation morale soit basée sur la religion, et que
l'enseignement religieux soit inscrit à nouveau dans les programmes officiels de l'instruction primaire ;

b) Que les écoles libres soient favorisées au même titre que
les écoles publiques, tant au point de vue des secours accordés
aux parents par les Bureaux de bienfaisance, qu'au point de
vue des allocations votées par les Conseils municipaux pour
l'entretien des maîtres et des maîtresses et pour les fournitures
classiques ;

c) Que l'école ménagère soit rendue obligatoire dans toutes
les écoles de filles ; que des travaux professionnels élémentaires,
spécialement les travaux agricoles, soient enseignés dans les
écoles de garçons.

3° Autorité paternelle.

Que l'autorité des parents soit favorisée dans l'atelier, qu'il
s'agisse de l'admission, du départ ou du renvoi des enfants,
ainsi que dans le travail, en rapprochant les membres de la
même famille. Que cette autorité soit également favorisée à la
campagne par des mesures effectives pour éviter la dispersion
des enfants.

4° Intérêts de la Famille.

a) Qu'on revise l'assiette de l'impôt et que, dans une mesure juste, on exonère les familles ouvrières nombreuses ;

b) Qu'on supprime les frais de succession pour les petits héritages; que la loi sur les successions admette la déduction du passif pour le paiement des droits ;

c) Qu'on revise la loi militaire du 27 juillet 1889, qui enlève à la famille ouvrière ses soutiens naturels, et qu'on en revienne aux exemptions accordées par l'article 17 de la loi de 1872 (1).

5° Vie de famille.

La vie de famille est la source des vraies joies de l'ouvrier. C'est la consolation de ses fatigues et de ses soucis.

Nous demandons :

a) Que le travail du dimanche soit partout supprimé et que le repos soit assuré par l'arrêt du samedi après-midi ;

b) Que le travail de nuit soit interdit absolument pour les femmes, et qu'il ne soit toléré pour les hommes que sur l'avis des conseils d'arbitrage de la profession ;

---

(1) Art. 17. — Sont exemptés du service d'activité en temps de paix :

1° L'aîné d'orphelins de père et de mère ;

2° Le fils unique, ou l'aîné des fils, ou à défaut de fils ou de gendre, le petit-fils unique, ou l'aîné des petits-fils, d'une femme actuellement veuve ou d'une femme dont le mari a été légalement déclaré absent, ou d'un père aveugle ou entré dans sa soixante-dixième année.

Dans les cas prévus par les deux paragraphes précédents, le frère puîné jouira de la dispense si le frère aîné est aveugle ou atteint de toute autre infirmité incurable qui le rende impotent ;

3° Le plus âgé des deux frères appelés à faire partie du même tirage, si le plus jeune est reconnu propre au service ;

4° Celui dont un frère sera dans l'armée active ;

5° Celui dont un frère sera mort en activité de service ou aura été réformé ou admis à la retraite pour blessures reçues dans un service commandé ou pour infirmités contractées dans les armées de terre et de mer.

La dispense accordée conformément aux paragraphes 4 et 5 ci-dessus ne sera appliquée qu'à un seul frère pour un même cas, mais elle se répétera dans la même famille autant de fois que les mêmes droits s'y reproduiront.

c) Que la journée normale du travail soit fixée au même nombre d'heures pour les hommes que pour les femmes et les enfants, afin que la vie commune existe au foyer ;

d) Que les sorties des ateliers et des écoles soient combinées pour que les membres divers de la famille puissent prendre leurs repas en commun ;

e) Que la mère de famille reste au foyer pour s'occuper des enfants.

6° Logements.

Que la loi facilite la fondation de sociétés de logement comme en Angleterre et comme en Belgique, afin d'assurer à la famille de l'ouvrier un foyer convenable et indépendant autant que possible.

7° Insaisissabilité du foyer.

Que la loi rende insaisissable la maison, le mobilier, l'outil et le petit champ de l'ouvrier, ainsi que le petit domaine rural que peut exploiter une famille, et les instruments de travail y afférents.

Ire SECTION. — 3e QUESTION.

La Presse.

RÉSOLUTIONS PROPOSÉES EN 1894.

1° Considérant que la décadence nationale tient en partie à la prédominance donnée depuis un siècle aux passions politiques sur les intérêts professionnels ;

2° Considérant que les politiciens ont conduit et conduisent encore les travailleurs à la ruine, en exploitant leur misère au profit de leur ambition ;

3° Considérant que les intérêts du travail doivent être mis au premier rang dans la société, si l'on veut y restaurer à la fois la liberté et la dignité de la vie de famille, et par suite la liberté religieuse ;

Le Congrès émet les vœux suivants :

I. — Que les ouvriers des villes et des campagnes s'occupent spécialement dans leurs syndicats d'avoir un organe périodique de leurs intérêts ;

Que cet organe soit au moins hebdomadaire et spécial à chaque région ;

II. — Que le concours des journaux actuellement existants soit sollicité pour obtenir, au moins une fois par semaine, sinon deux fois, une Chronique des Intérêts du Travail *assez détaillée et assez intéressante pour attirer l'attention de l'opinion publique ;*

III. — Que, dans tous les cas, un comité ouvrier soit formé pour recueillir les renseignements utiles, et réuni chaque semaine pour les communiquer à la rédaction du journal adopté.

IIe SECTION. — 4e QUESTION.

Salaire.

VŒUX ÉMIS PAR LE CONGRÈS EN 1893.

1° Le Congrès de Reims proclame, à la suite de Léon XIII dans l'Encyclique, le principe de justice sociale qui exige, en retour de son travail, un salaire suffisant à l'entretien du travailleur sobre et honnête et de sa famille ;

2° A la suite des budgets et des rapports déposés et communiqués au Congrès, il résulte que la situation des ouvriers de la région, prise dans son ensemble, est une condition de misère imméritée ;

3° Comme remède général, le Congrès préconise les unions professionnelles, selon le plan qui a été adopté par la troisième section, et ayant comme objectif le relèvement du salaire, les institutions qui sont capables de faire produire davantage au salaire de l'ouvrier, entre autres les sociétés coopératives de consommation ;

4° Le Congrès se prononce également : *a)* pour la suppression du gaspillage des deniers publics dans les dépenses inutiles et la création d'emplois de complaisance ; *b)* pour la diminution de l'impôt foncier et des droits qui, directement ou indirectement, tombent sur la consommation, et pour le remplacement de ces impôts par l'impôt sur la fortune mobilière pour autant que l'équilibre du budget l'exige ;

5° Comme mesure immédiatement réalisable, le Congrès préconise les caisses de famille selon le type de celle qui est établie au Val-des-Bois, et fait un appel spécial aux industriels de la région, qui, en un temps relativement court, ont réalisé autrefois des fortunes considérables.

RÉSOLUTIONS PROPOSÉES EN 1894.

1° Considérant que la situation difficile faite à l'industrie par la concurrence, et surtout par la concurrence étrangère, ne permet pas toujours de demander aux patrons l'augmentation directe du salaire ;

Que cette situation anormale, dont les conséquences malheureuses pèsent surtout sur les travailleurs, ne peut aboutir qu'à une catastrophe sociale ;

2° Considérant d'autre part que l'organisation du travail et le paiement du salaire, tels qu'on les pratique le plus souvent, sont mal réglés, et cela au détriment de la vie de famille et des droits sociaux des ouvriers ;

Que la loi ne protège pas suffisamment le salaire indispensable à l'ouvrier pour vivre :

Le Congrès ouvrier émet les vœux suivants :

1° Que le Parlement limite par des lois la concurrence étrangère au profit de l'industrie nationale, et pour cela que la représentation professionnelle entre dans les pouvoirs législatifs pour la part qui lui est due ;

2° Que les adjudications soient réservées exclusivement aux ouvriers français, avec fixation de minimums de salaires, afin d'enrayer la dépréciation continue du travail ;

3° Que les patrons, établissant entre eux et leurs ouvriers des rapports pacifiques et cordiaux, cherchent à augmenter le salaire, ou tout au moins à fonder des institutions économiques propres à suppléer à son insuffisance ;

Qu'ils s'occupent surtout d'étudier le fonctionnement de la Caisse de Famille, telle qu'elle existe au Val-des-Bois, et d'en fonder au plus tôt, soit dans chaque usine séparément, soit dans les syndicats ;

4° Que l'emploi industriel de la femme soit restreint, et que, si son travail équivaut à celui de l'homme, il soit rémunéré de la même façon ;

5° Que le salaire des apprentis, et des auxiliaires en général, soit versé directement par la caisse patronale aux intéressés, ou à leur famille s'ils sont mineurs ;

6° Que pour faciliter la remise intégrale du salaire à la mère de famille et pour éviter les achats le dimanche, la paie soit faite de préférence dans la matinée du vendredi ;

7° Que la saisie du salaire ouvrier ne puisse s'exercer.

IIe SECTION. — 5ª QUESTION.

Conseils d'Usine.

VŒUX ÉMIS PAR LE CONGRÈS EN 1893.

Le Congrès :

1° Considérant que le meilleur moyen d'assurer la paix, de prévenir et au besoin d'apaiser les différends qui menacent la tranquillité d'une usine, est d'établir des rapports directs entre les ouvriers et le patron ;

2° Considérant que beaucoup d'ouvriers souffrent dans les ateliers, soit de la part de leurs camarades, soit de la part d'un mauvais contre-maître qui ne partage pas leurs idées ; que beaucoup d'ouvriers ne sont pas assez fermes pour porter ces observations au patron et en obtenir justice ;

3° Considérant, en un mot, que le meilleur moyen de prévenir tout conflit entre le capital et le travail est d'instituer l'arbitrage ;

4° Considérant la nécessité de relever l'ouvrier en lui rendant sa part de responsabilité ; convaincu des avantages qui en résulteraient pour les patrons comme pour les travailleurs,

Émet le vœu que des conseils d'usine soient partout établis ;

5° Le Congrès reconnait que les conseils d'usine, composés d'ouvriers et de patrons chrétiens, sont des institutions éminemment utiles, dont l'action bienfaisante doit être renforcée et étendue autant que possible dans tous les établissements industriels.

Le conseil d'usine a pour mission principale d'entretenir entre les patrons et les ouvriers des relations permanentes, par l'intermédiaire des délégués.

Pour atteindre ce but, les réunions du conseil doivent être périodiques et fréquentes, soit tous les huit jours, soit tous les quinze jours, et, en cas d'*utilité*, immédiatement.

Les délégués doivent avoir toute liberté d'exprimer au patron, dans ces réunions, ce qu'ils pensent et ce que pensent les camarades, sans que jamais ils aient à en souffrir pour le travail.

En cas de difficultés, le conseil d'usine donne son avis et peut entendre les parties s'il est utile.

Les conseils d'usine pourront être nommés : deux tiers par les vingt plus anciens et un tiers par le patron ; choisis parmi tous les ouvriers de l'usine, pour une durée de trois ou six mois, ils seront rééligibles.

RÉSOLUTIONS PROPOSÉES EN 1894.

Considérant que, si la famille naturelle est l'unité et l'élément vital quant à l'ordre social, il en est de même de la famille ouvrière quant à l'ordre industriel ;

Que le conseil d'usine, composé d'ouvriers et appelé à prendre une part, officieuse il est vrai, mais réelle dans la direction générale, est éminemment propre à créer et à développer la vie de cette famille ouvrière ;

Qu'il est une garantie d'ordre, de discipline, de justice et de

moralité, en même temps qu'il est pour les travailleurs une école de sagesse et d'initiative,

Le Congrès ouvrier émet le vœu que de tels conseils soient institués dans toutes les usines dont les patrons ont le souci du bien-être matériel et de l'élévation morale de leurs ouvriers.

IIᵉ SECTION. — 6ᵉ QUESTION.

Conseils de conciliation et d'arbitrage.

RÉSOLUTIONS PROPOSÉES EN 1894.

Considérant qu'il est indispensable de mettre fin autant que possible aux conflits violents chaque jour élevés entre le travail et le capital, particulièrement en coupant court dès le début aux motifs de ces conflits ;

Que le meilleur moyen d'arriver à l'apaisement des luttes sociales consiste dans une entente amiable procédant d'explications loyalement et pacifiquement échangées entre les ouvriers et leurs patrons respectifs ;

Que les conseils de prud'hommes sont impuissants vis à vis de la grande industrie ;

Considérant en outre que ce résultat a été atteint par des conseils de conciliation et d'arbitrage en Angleterre, en Belgique, aux États-Unis et dans le Nord de la France, où ces institutions fonctionnent au grand avantage de tous,

Le Congrès émet le vœu :

1° Que, dans toute usine occupant plus de 150 ouvriers, il soit établi un **Conseil de conciliation et d'arbitrage**, composé en nombre égal de délégués du patron et de délégués des ouvriers ;

2° Que ce Conseil soit appelé, dans des réunions périodiques, à examiner contradictoirement toutes questions professionnelles intérieures : hausse ou baisse des salaires, modification aux heures de travail, réglements d'ateliers, à donner son avis sur les questions relatives à l'hygiène, aux accidents du travail, et en général à la marche de l'usine ;

3° Que les cercles d'études sociales fassent une campagne active pour atteindre ce résultat.

Considérant que les conseils de prud'hommes ne répondent que très imparfaitement à leur but ;

Que notamment l'élection des conseillers prud'hommes, faite au chef-lieu d'arrondissement, est une mesure anti-démocratique contraire aux intérêts et aux droits des travailleurs des autres localités,

Le Congrès émet le vœu que l'élection pour le conseil des prud'hommes se fasse dorénavant dans chaque commune, comme les élections législatives.

IIe SECTION. — 7e QUESTION.

Hygiène.

RÉSOLUTIONS PROPOSÉES EN 1894.

Considérant que c'est un droit pour le travailleur de voir sa santé protégée, autant que possible, par des mesures d'hygiène spéciales contre les dangers inhérents à chaque métier ;

Que si les mesures nécessaires ont été prescrites par la loi et sont généralement prises dans les industries dites dangereuses, ces mesures sont trop souvent incomplètes dans les ateliers ordinaires,

Le Congrès émet le vœu :

1° Que des précautions soient prises dans tout atelier pour assurer la ventilation et le degré convenable de température ;

2° Que les syndicats étudient la question en détail, et proposent les réformes nécessaires dans chaque corps de métier pour chaque genre de travail.

IIIe SECTION. — 8e QUESTION.

Cercles chrétiens d'études sociales.

VŒUX ÉMIS PAR LE CONGRÈS EN 1893.

Considérant que le syndicat doit être l'incarnation des idées de justice sociale et d'aide mutuelle ;

Considérant qu'une institution peut difficilement se fonder utilement avant que les adhérents ne soient pénétrés des idées que l'on veut incarner ;

Le Congrès émet le vœu que les « Cercles chrétiens d'études sociales » soient formés et précèdent la fondation des syndicats, car c'est le moyen d'instruire et de bien comprendre l'idée syndicale.

RÉSOLUTIONS PROPOSÉES EN 1894.

Considérant que les ouvriers doivent apprendre à discuter eux-mêmes leurs propres intérêts ;

Que l'étude en commun est nécessaire pour leur enseigner la vérité sur les idées ou sur les institutions ;

Considérant que dans le domaine des idées, il est difficile aux ouvriers abandonnés à eux-mêmes de discerner la vérité de l'erreur, que dès lors le conseil d'un homme au courant des principes est souvent nécessaire ;

Considérant que, pour les institutions, l'expérience est le meilleur garant de leur valeur,

Le Congrès émet le vœu :

1° Que dans tous les milieux industriels ou agricoles, à la ville ou à la campagne, il soit formé des cercles d'études sociales ;

2° Que chacun de ces cercles choisisse comme membre consultatif un prêtre dévoué, ami de l'ouvrier, et l'invite à assister aux séances pour lui donner des conseils dans les questions qui touchent aux principes ;

3° Que le cercle se procure les documents les plus nombreux sur les institutions qui ont fait leurs preuves, qu'il en étudie le fonctionnement et l'application dans son milieu ;

4° En outre, le Congrès conseille de s'en tenir toujours à la forme légale de réunions privées, avec invitations personnelles, sans prendre la forme d'associations, afin d'éviter les tracasseries de la loi. Donc, pas de cotisations, pas d'engagements réciproques résultant d'un règlement accepté.

Fédération des Cercles.

Considérant : 1° Que les groupements ouvriers chrétiens se multiplient en France sous des formes et par des initiatives diverses, dans le but d'étudier et d'appliquer pratiquement le programme social chrétien ;

2° Qu'il est désirable de voir s'établir entre ces groupes dispersés un lien fédératif permanent, qui fortifie le travail en commun, tout en gardant à chacun des groupes son autonomie respective ;

Le Congrès ouvrier adopte les résolutions suivantes :

Article 1er. — *Les groupes ouvriers chrétiens sont invités à former dans chaque région une union à l'instar du type constitué par l'Union démocratique du Nord. Cette union groupe, non des travailleurs isolés, mais des associations ouvrières préalablement existantes.*

Article 2. — *Le but de cette union doit être de développer dans la région le vrai mouvement ouvrier, et, à cet effet, de fournir aux groupements indépendants un centre commun d'action, suivant un programme commun.*

Article 3. — *L'Union devra agir spécialement par les institutions économiques, les organisations professionnelles, la propagande, les cercles d'études sociales, etc.*

Elle cherchera, non la guerre stérile des classes, mais l'entente pour la vie et la conciliation,

Elle s'efforcera d'arriver par tous les moyens légaux et pacifiques à la réalisation des réformes contenues dans son programme.

Article 4. — *Tout groupement ouvrier de la région pourra faire partie de l'Union ; il suffira pour cela d'en accepter le programme, au moins dans ses grandes lignes, et d'envoyer son adhésion au comité central de l'Union.*

ARTICLE 5. — *La méthode d'action consistera dans la combinaison de l'initiative privée, qui s'exerce dans chaque groupe autonome avec une direction générale donnée par une réunion des délégués des groupes adhérents.*

Congrès ouvriers.

Considérant que les congrès régionaux sont très importants pour étendre partout le mouvement de régénération sociale des travailleurs et les soustraire à l'influence pernicieuse des politiciens ;

Considérant que les congrès généraux seraient utiles ensuite pour se concerter et profiter des études et des expériences de chacun,

Le Congrès émet les vœux suivants :

1° Que, durant l'année 1895, il se tienne des congrès régionaux partout où on le pourra ;

2° Qu'un congrès général soit tenu à Reims en 1896, en l'année mémorable qui verra les fêtes du 14e centenaire de la France chrétienne (Clovis, en effet, a été baptisé avec ses Francs en 496 par saint Remy, et c'est de cette époque que date la France).

IIIe SECTION. — 9e QUESTION.

Syndicats mixtes.

RÉSOLUTIONS PROPOSÉES EN 1894.

Le Congrès ne se dissimule pas les difficultés qui s'opposent actuellement à la généralisation des syndicats mixtes, mais :

Considérant que la forme du syndicat mixte est la plus parfaite pour l'harmonie sociale,

Que l'ouvrier y trouve une aide puissante pour les institutions qu'il veut fonder,

Que l'esprit chrétien et certaines précautions peuvent y mé-

nager la liberté à chacun, tout en conduisant à la confiance réciproque,

Il émet les vœux suivants :

1° Que des syndicats mixtes soient formés dans la petite industrie (bâtiment, vêtement, etc...), où elle est d'autant plus facile que le nombre des ouvriers est plus restreint dans chaque atelier ;

2° Que dans la grande industrie, là où des Syndicats mixtes peuvent être tentés, on les fasse par usine, de manière à ce que les besoins soient plus spécialisés, et ainsi mieux satisfaits ; des unions syndicales permettront d'ailleurs d'organiser des institutions générales s'étendant à une ville entière ;

3° Que chaque groupe ouvrier puisse avoir des réunions spéciales, avec le concours d'un homme compétent et désintéressé en qui les ouvriers aient confiance, afin d'étudier les questions et de préparer les réunions mixtes ;

4° Que les réunions spéciales et mixtes soient périodiques, régulières et assez fréquentes ;

5° Que l'administration des institutions fondées par le syndicat soit partagée entre des conseils différents, de manière à intéresser le plus de membres possible à l'œuvre commune.

IIIᵉ SECTION. — 10ᵉ QUESTION.

Syndicats ouvriers.

VŒUX ÉMIS PAR LE CONGRÈS EN 1893.

1° Le Congrès ouvrier de Reims se prononce pour la constitution, dans chaque métier, de syndicats composés exclusivement d'ouvriers, parallèlement à la constitution de syndicats de patrons du même métier ;

2° Les deux syndicats auront à désigner, chacun de leur côté, le même nombre de délégués pour constituer le conseil du métier, auquel appartiendra de discuter et de trancher toutes les questions intéressant les syndicats ;

3° En cas de non entente entre les délégués ouvriers et les

délégués patrons, un arbitre sera désigné pour trancher le différend ; cet arbitre doit être accepté par les délégués ouvriers et par les délégués patrons ;

4° Le conseil syndical peut décider que cet arbitrage sera permanent au sein du conseil syndical ;

5° L'objectif du syndicat doit atteindre le salaire, la durée du travail des hommes, des femmes et des enfants, l'assurance sous toutes ses formes, et tout ce qui peut redresser les griefs légitimes des ouvriers et favoriser l'ascension sociale par le développement matériel, intellectuel et moral des ouvriers.

RÉSOLUTIONS PROPOSÉES EN 1894.

Considérant que la formation de syndicats mixtes, qui doit être le but de nos efforts, est rendue généralement difficile par les circonstances actuelles ;

Considérant d'autre part qu'il est extrêmement important pour les ouvriers de se grouper, afin de donner à la revendication pacifique de leurs droits et à la défense de leurs intérêts professionnels la force qui naît toujours du nombre et de l'union,

Le Congrès émet le vœu :

1° Que des syndicats ouvriers s'organisent dans toutes les professions ;

2° Qu'il soit formé des fédérations régionales de tous les syndicats d'une même profession ;

3° Que les pouvoirs publics se décident enfin à accorder aux associations professionnelles ou autres la liberté nécessaire à leur vitalité, et le droit de propriété ;

4° Que les syndicats soient consultés par les dits pouvoirs publics sur toutes les questions professionnelles, et que leur avis soit pris en considération.

IIIᵉ SECTION. — 11ᵉ QUESTION.

Représentation des intérêts.

RÉSOLUTIONS PROPOSÉES EN 1894.

Considérant que le suffrage exclusivement politique, actuellement pratiqué en France, n'a jamais donné au peuple, et surtout au travailleur, d'autre avantage qu'une liberté problématique et un pouvoir illusoire, sans apporter aucune satisfaction suffisante aux divers intérêts professionnels ;

Considérant que notre système représentatif, ainsi basé sur des opinions politiques, est incompétent lorsqu'il s'agit, notamment, des intérêts du travail, tant au point de vue patronal qu'au point de vue ouvrier ;

Considérant que les citoyens ont le droit d'être consultés, suivant leur compétence respective, lorsqu'il s'agit d'intérêts professionnels, moraux ou religieux,

Le Congrès ouvrier émet les vœux suivants :

1° Que les pouvoirs publics favorisent autant que possible la formation de groupements professionnels ouvriers ou mixtes, et leur fédération ;

2° Que ces groupements, non seulement soient consultés dans toute question professionnelle, particulière ou générale, mais encore envoient au Parlement des délégués permanents, ayant voix consultative dans toute question intérieure intéressant l'ensemble du pays, et voix délibérative lorsqu'il s'agira des intérêts particuliers de leur corporation ;

3° Que des délégués représentent également les intérêts professionnels auprès des conseils municipaux et départementaux.

IIIᵉ SECTION. — 12ᵉ QUESTION.

Archiconfrérie de N.-D. de l'Usine et de l'Atelier, patronne du travail.

VŒUX ÉMIS PAR LE CONGRÈS EN 1893.

Considérant qu'aucune œuvre sociale ne peut se fonder sans la base du principe religieux, c'est à dire sans la justice et la fraternité chrétiennes ;

Considérant que le principe religieux, pour être remis en honneur et recouvrer toute son influence sur la société, a besoin d'être organisé solidement par le moyen des confréries ;

Considérant que le Souverain Pontife recommande instamment la création des confréries pour la régénération du monde du travail, et que d'un autre côté Léon XIII a comblé de faveurs et étendu à l'univers entier l'Archiconfrérie de « Notre-Dame de l'Usine et de l'Atelier, patronne du travail et des corps d'état », la signalant ainsi à toutes les catégories, de travailleurs,

Le Congrès émet le vœu que l'Archiconfrérie de Notre-Dame de l'Usine et de l'Atelier, patronne du travail et des corps d'état, soit établie dans toutes les usines, les ateliers les associations ouvrières, etc., avec la faculté de choisir, parmi les titres de l'Archiconfrérie, celui qui conviendra le mieux aux traditions ou au langage de la population.

Si une association locale existe sous un vocable accepté de tous, mais qu'elle ne jouisse pas de faveurs spirituelles et n'ait pas d'existence canonique, le Congrès émet le vœu qu'elle garde son autonomie complète, mais qu'elle s'affilie à l'Archiconfrérie de Notre-Dame de l'Usine, afin de resserrer les liens qui doivent unir toutes les associations chrétiennes.

RÉSOLUTIONS PROPOSÉES EN 1894.

Considérant qu'en recourant aux moyens humains, et en ne tenant pas suffisamment compte de la religion pour résoudre la question sociale, on ne pourra jamais arriver à une solution satisfaisante ;

Considérant que dans les siècles de foi, le principe religieux était le fondement des associations ouvrières ;

Considérant que notre Saint Père recommande instamment la Confrérie comme base de toute association professionnelle et comme moyen de salut social ;

Considérant qu'une confrérie bien organisée pour faire le bien doit être une œuvre d'enseignement et de propagande ;

Considérant que l'Archiconfrérie de Notre-Dame de l'Usine et de l'Atelier, patronne du travail, est organisée dans ce double but, et que déjà elle a obtenu des résultats sérieux dans les nombreuses villes où elle est fondée canoniquement, ainsi que dans celles où elle est en voie de préparation.

Le Congrès émet le vœu :

Que les hommes d'œuvre se mettent en devoir de fonder dans chaque paroisse l'Archiconfrérie de Notre-Dame de l'Usine et de l'Atelier, patronne du travail, sous celui de ces vocables qui répond le mieux au besoin de l'endroit.

Que toutes les associations similaires : patronages de jeunes gens, patronages de jeunes filles, cercles d'ouvriers, cercles chrétiens d'études sociales, syndicats mixtes, syndicats ouvriers, sociétés de secours et coopératives, etc., se groupent sous le patronage de Notre-Dame de l'Usine et de l'Atelier, patronne du travail, afin de s'animer du même esprit et de combattre l'ennemi commun avec plus d'ensemble et de méthode.

Comme il est nécessaire que les Cercles chrétiens, et en général tous les groupes d'études, soient mis en rapport entre eux par un échange périodique de correspondances et de travaux, afin de s'entendre sur le plan et la méthode de leurs communes études, aussi bien que sur les solutions à donner aux divers problèmes sociaux ;

Considérant que, pendant la période préparatoire du Congrès, les Annales de Notre-Dame de l'Usine et de l'Atelier, patronne du travail, ont servi d'organe à tous les groupes d'études pour correspondre entre eux, et que l'on n'a qu'à se féliciter du résultat obtenu,

Le Congrès émet le vœu que les Annales deviennent l'organe officiel des Cercles chrétiens d'études sociales et des autres groupes qui voudront communiquer avec eux.

1896

Durant l'année 1896, auront lieu à Reims les fêtes du quatorzième centenaire de la France chrétienne. C'est en effet en 496 que saint Remy a baptisé Clovis avec ses Francs, et c'est de cette époque que date la France. Le Saint Père a accordé à cette occasion un Jubilé qui durera du 1er mai au 1er novembre.

Le Congrès, considérant qu'il y a là un mouvement national auquel tous les travailleurs doivent prendre part, émet le vœu :

Que de tous les points de la France soient organisés des pèlerinages ouvriers à Reims en 1896, afin de renouveler dans la mesure possible les vœux de baptême de la France. Les pèlerinages pourraient en même temps aller à Montmartre faire la consécration au Sacré-Cœur.

IVᵉ SECTION. — 13ᵉ QUESTION.

Sociétés de secours mutuels.

VŒUX ÉMIS PAR LE CONGRÈS EN 1893.

1° Les sociétés de secours mutuels doivent jouir du droit d'association et avoir la liberté de disposer de leurs capitaux, sous un contrôle à déterminer.

2° La liberté des sociétés de secours mutuels doit notamment leur permettre de recevoir, d'acquérir et de conserver des dons et legs, même immobiliers.

3° Jusqu'au moment où la liberté leur sera rendue, les capitaux de ces sociétés, détenus par l'État, doivent jouir de la fixité du taux de 4 1/2 d'intérêts pour les fonds libres, et du taux de faveur de 5 0/0 pour la capitalisation des pensions alimentaires, c'est à dire ne dépassant pas 360 fr.

4° Il est extrêmement désirable et d'un grand intérêt social que dans l'avenir ces mêmes taux soient assurés et que les subventions proportionnelles continuent d'être accordées aux sociétés de secours mutuels qui créent leurs pensions à capital réservé, au moyen d'un fonds social versé à la caisse nationale des retraites.

5° Les distinctions accordées pour services rendus à la mutualité doivent être accordées à tous ceux qui les méritent, et aussi bien aux membres des sociétés autorisées qu'à ceux des sociétés approuvées ou reconnues. Ces distinctions doivent être assimilées à toutes les autres, quant au port des insignes.

6° Il est désirable que les sociétés de secours mutuels soient subventionnées beaucoup plus par l'État, par les départements et par les communes.

7° Il est désirable qu'elles soient toutes exonérées : 1°) du timbre de quittance; 2°) du droit des pauvres pour les fêtes qu'elles organisent, et surtout que les dons et legs qui leur sont faits soient encouragés par une remise totale ou partielle du droit d'enregistrement.

8° Le Congrès demande formellement que jusqu'au moment où se réaliseront les promesses qui leur ont été tant de fois prodiguées, on accorde aux sociétés de secours mutuels : 1°) la liberté; 2°) les avantages de leur ancienne législation, qu'on déclarait insuffisants.

En conséquence, le Congrès demande :

1°) la révision de la loi de 1886, en ce qui concerne les pensions alimentaires ;

2°) déclare inique, spoliateur et despotique le projet de loi contre les sociétés de secours mutuels, dont la commission de la Chambre lui propose l'adoption ;

3°) proteste contre la mise hors la loi des sociétés de secours mutuels, proposée par le nouvel article 25 du projet de loi sur la caisse des retraites ouvrières transformé par la commission.

RÉSOLUTIONS PROPOSÉES EN 1894.

I. — *Extension du cadre de la mutualité.*

Droit pour les sociétés de tenir des bureaux de placement gratuits pour leurs membres.

Droit de créer et de gérer des pharmacies pour les unions de sociétés.

Droit pour les femmes de diriger et d'administrer des sociétés de femmes.

Droit, pour les membres honoraires d'être admis au titre de membres participants, quels que soient leur âge et leur état de santé, en cas de revers de fortune.

II. — Extension des libertés de la mutualité.

La liberté de verser des capitaux à la Caisse des dépôts et consignations, soit en comptes courants disponibles, soit en comptes spécialement affectés au service des pensions de retraite de leurs membres.

Liberté de contracter des assurances soit en cas de décès, soit en cas d'accidents, à la Caisse nationale, au moyen des fonds déposés à la Caisse des dépôts et consignations.

Liberté de déterminer l'emploi des dons et legs, lorsque cet emploi n'a pas été fixé par le donateur.

Liberté de recevoir des dons et legs immobiliers et de les conserver.

Liberté de placer des fonds en prêts hypothécaires, d'acquérir, de posséder, de vendre et d'échanger des immeubles.

III. — Propagande des idées de mutualité.

Nous pensons que l'enseignement de la prévoyance et de la mutualité devrait faire partie du programme de l'enseignement scolaire. Des encouragements seraient donnés aux instituteurs qui prêteraient leur concours aux sociétés.

IV. — Garanties contre la dissolution.

Que le Conseil d'État et l'autorité administrative n'aient que le pouvoir de retirer l'approbation, et que le droit de dissolution appartienne aux tribunaux.

Dans le cas de dissolution, que les subventions restent dans la localité pour aider les mutualités existantes ou à créer.

V. — *Extension des faveurs.*

Fourniture gratuite par la commune des livrets pour toutes les sociétés.

Exonération de la taxe mobilière pour les locaux affectés aux réunions et assemblées générales, ainsi qu'à l'administration.

Exonération des timbres de quittance, des droits de timbre et d'enregistrement pour la transmission de la propriété, de l'usufruit ou de la jouissance des biens meubles et immeubles. On provoquerait ainsi un courant de donations en faveur des sociétés.

Que les arrérages échus et non perçus au décès des pensionnaires soient portés au crédit de la société, s'ils ne sont pas réclamés par les ayants droit dans un délai de cinq ans.

IVe SECTION. — 14e QUESTION.

Coopératives de consommation.

VŒUX ÉMIS PAR LE CONGRÈS EN 1893.

La 4e section du Congrès, reconnaissante des avantages attribués à la coopération par la Chambre des députés, émet le vœu que le Sénat les approuve et les sanctionne définitivement et au plus tôt par son vote.

Elle reconnait que les sociétés coopératives de consommation doivent être fondées par de petits noyaux ouvriers, avec ou sans le concours des patrons, que les fondateurs doivent commencer par constituer eux-mêmes tout le personnel de direction, de gestion et de vente, afin d'arriver au minimum des frais généraux, et qu'ils doivent commencer par faire leurs achats par l'intermédiaire des grandes sociétés coopératives, afin d'arriver à faire leurs achats aux meilleures conditions de prix et de qualité.

Ces sociétés doivent chercher leur développement par le recrutement local dans les maisons voisines et dans le même quartier, entre gens se connaissant et s'estimant les uns les autres, car les coopérateurs ne seront des acheteurs fidèles que s'ils demeurent tout près du siège social.

Elles doivent vendre au prix du commerce local, sans essayer de lui faire la concurrence. Elles ne doivent chercher la supériorité sur le commerce que dans la supériorité des produits, le bon poids, la bonne mesure et les services rendus à leurs membres par des institutions annexes de prévoyance.

Elles doivent adopter le principe de la vente au comptant, mais en admettant pour leurs associés, momentanément gênés, le crédit dans la mesure des 2/3 du versement qu'ils ont fait sur leur part sociale.

Elles doivent de plus, aussitôt que possible, créer au moyen d'une retenue sur leurs bénéfices une caisse de prêts, pour permettre à des ouvriers dans l'embarras d'entrer dans la société, de payer leur première mise et de faire leurs achats au comptant.

Les sociétés coopératives de consommation doivent greffer sur leur mécanisme propre des institutions de secours et de mutualité alimentées par les bénéfices, fournir par exemple le pain aux sociétaires malades ou aux veuves, et organiser des pensions de retraite.

Elles doivent répartir leurs bonis au prorata des achats, sans attribuer au capital aucun autre avantage que l'intérêt fixé.

Quand les sociétés prennent une grande extension, elles devront, en général, éviter de créer des succursales, qui augmentent toujours beaucoup les frais généraux et introduisent le caractère administratif dans le fonctionnement, au lieu du caractère intime et familial qui doit être la base des associations ouvrières. Elles doivent, au lieu de succursales, créer de nouvelles sociétés indépendantes s'administrant elles-mêmes.

Le concours des femmes doit être activement recherché et sollicité. Il faut les amener à être partisantes de l'association.

L'Assemblée déclare enfin que les économats et les fournisseurs privilégiés ne sont souvent qu'un mécanisme insuffisant et ne fournissent pas une solution. La forme la plus recommandable est la société coopérative proprement dite, qui constitue le mieux la mise en œuvre des forces vives des ouvriers, les rapproche et les unit, les instruit et les prépare à un rôle social plus élevé.

Les chefs d'industrie et tous les détenteurs de la fortune sont invités à favoriser les progrès et l'expansion de la coopération comme de la mutualité, en prêtant leur concours aux sociétés et en portant leur générosité, leurs dons et leurs legs sur les institutions ouvrières plutôt que sur celles d'assistance publique.

Les sociétés coopératives de consommation doivent créer entre elles des fédérations régionales, économiques, étrangères à toutes questions politiques et religieuses, pour l'achat de leurs marchandises ainsi que pour l'étude et la défense de leurs intérêts communs.

RÉSOLUTIONS PROPOSÉES EN 1894.

Considérant que les sociétés coopératives de consommation donnent les heureux résultats suivants :

1° De mieux vivre ;

2° D'épargner sans peine ;

3° De combattre les débits de boissons ;

4° D'émanciper le peuple par l'éducation ;

5° De gagner les femmes aux questions sociales ;

6° De faciliter à tous l'accès de la propriété ;

7° De reconstituer une propriété collective ;

8° D'élever le niveau moral des populations,

Le Congrès estime que la formation de sociétés coopératives de consommation est un des moyens pratiques destinés à apporter un remède immédiat à la situation précaire de la classe laborieuse.

Le Congrès formule les vœux suivants :

1° Que le projet de loi pendant devant le Sénat soit voté au plus tôt, pour faciliter l'extension des coopératives ;

2° Que chacun prenne l'initiative de former des cercles locaux de propagande coopérative ;

3° De voir établir une fédération de coopératives de consommation ;

4° Que les sociétés coopératives de consommation ne se contentent pas de répartir les bonis entre les consommateurs et la formation du fonds de réserve légale, mais emploient également ces bonis à constituer un fonds de développement inaliénable ;

5° Qu'on ne soutienne et n'établisse que des coopératives distribuant leurs bonis exclusivement aux consommateurs et non aux actionnaires, puisque ceux-ci sont indemnisés par le paiement de l'intérêt à 5 % de leur capital ;

6° Que les sociétés coopératives s'adressent de préférence aux syndicats agricoles ou industriels pour leurs fournitures ;

7° Que les sociétés coopératives n'oublient pas leur côté moralisateur, par l'action de l'homme sur l'homme ;

8° Que toutes les coopératives s'entendent pour organiser à Reims, en 1896, à l'occasion du 14° centenaire du baptême de la France, un Congrès coopératif de consommation.

IV° SECTION. — 15° QUESTION.

Caisses de retraite.

RÉSOLUTIONS PROPOSÉES EN 1894.

Considérant qu'il est très désirable que l'ouvrier, dans ses vieux jours, se trouve à l'abri du besoin par le fait d'une retraite provenant, au moins en partie, de versements annuels effectués par lui ;

Considérant d'autre part que l'ingérence universelle et forcément uniforme de l'État, dans cet ordre de choses, offre des inconvénients notables,

Le Congrès émet le vœu :

1° Que des caisses de retraite soient fondées autant que possible par les syndicats, et comme corollaires des sociétés de secours mutuels ;

2° Que, vu le taux actuellement insuffisant des salaires, ces caisses de retraite obtiennent l'aide des patrons, de membres honoraires et de l'État, celui-ci n'ayant toutefois sur elles qu'un droit de surveillance nettement défini ;

3° Que les fonds de garantie des retraites puissent être placés en immeubles de rapport, comme ceux des compagnies d'assurances.

IVᵉ SECTION. — 16ᵉ QUESTION.

Prêts gratuits.

VŒUX ÉMIS PAR LE CONGRÈS EN 1893.

Le Congrès cite en exemple la caisse des prêts gratuits de Reims, qui, sur 17,000 fr. de prêts d'honneur, n'a perdu en deux ans que 300 fr., et il émet le vœu :

1° Qu'on établisse le plus possible des caisses de prêts gratuits sur le modèle de la caisse de Reims ;

2° Que, dans les villes où des caisses de prêts gratuits auront réussi, on forme ensuite des banques populaires ouvrières avec ou sans coopération ;

3° Le Congrès émet également le vœu que les associations de prévoyance, et notamment les sociétés de secours mutuels, ainsi que les patrons, servent d'intermédiaires entre les ouvriers et employés pour les versements à la caisse d'épargne et à la caisse de retraites.

RÉSOLUTIONS PROPOSÉES EN 1894.

Considérant que l'usure est une des plaies sociales les plus redoutables de notre époque ;

Considérant néanmoins que l'ouvrier a parfois besoin d'une aide pécuniaire, sous forme de prêt ;

Que les institutions fondées jusqu'ici pour lui procurer gratuitement cette aide ont réussi et prouvé que l'on pouvait avoir confiance dans l'ouvrier ;

Le Congrès émet le vœu :

1° Que des Caisses de prêts gratuits soient fondées et répandues, sous la direction d'un comité ouvrier ;

2°. Que ces caisses se rattachent autant que possible aux syndicats ;

3° Que, par la fédération, elles étendent leurs moyens d'action et augmentent leurs ressources.

IVᵉ SECTION. — 17ᵉ QUESTION.

Secrétariat du Peuple.

RÉSOLUTIONS PROPOSÉES EN 1894.

Considérant les services de toute sorte rendus par les secrétariats du peuple, partout où il en a été fondé ;

Considérant qu'ils sont pour l'ouvrier le seul moyen d'échapper à une foule d'intermédiaires parasites ;

Considérant enfin que les services rendus seraient plus importants et plus nombreux s'il existait des relations régulières entre les différents secrétariats,

Le Congrès ouvrier émet le vœu :

1° Que l'on poursuive la fondation des secrétariats du peuple, spécialement dans les grandes villes ;

2° Que les secrétariats existants s'unissent en fédération et publient une liste générale contenant l'adresse de chacun d'eux.

CLASSEMENT DES ASSOCIATIONS PAR RÉGIONS

I. — CHAMPAGNE

Marne, Ardennes, Haute-Marne, Aube. (Nos 1 à 32.)

II. — FLANDRES, ARTOIS, PICARDIE

Nord, Pas-de-Calais, Somme, Oise, Aisne. (Nos 33 à 61.)

III. — ILE-DE-FRANCE

Paris, Seine, Seine-et-Oise, Seine-et-Marne, Eure-et-Loir. (Nos 62 à 74.)

IV. — LORRAINE et FRANCHE-COMTÉ

Meuse, Meurthe-et-Moselle, Vosges, Doubs, Jura, Haute-Saône. (Nos 75 à 88.)

V. — BOURGOGNE, NIVERNAIS

Côte-d'Or, Saône-et-Loire, Nièvre, Yonne. (Nos 89 à 96.)

VI. — LYONNAIS, BUGEY, BRESSE

Rhône, Loire, Ain, Savoie, Haute-Savoie. (Nos 97 à 106.)

VII. — ANJOU, VENDÉE, MAINE

Maine-et-Loire, Mayenne, Sarthe, Vendée. (Nos 107 à 114.)

VIII. — BRETAGNE

Ille-et-Vilaine, Côtes-du-Nord, Loire-Inférieure, Morbihan, Finistère. (Nos 115 à 124.)

IX. — NORMANDIE

Seine-Inférieure, Eure, Orne, Calvados, Manche. (Nos 125 à 130).

X. — ANGOUMOIS, AUNIS, SAINTONGE, POITOU

Charente, Charente-Infre, Vienne, Deux-Sèvres. (Nos 131 à 135.)

XI. — ORLÉANAIS, TOURAINE, BERRY

XII. — LIMOUSIN, AUVERGNE

XIII. — LANGUEDOC

XIV. — DAUPHINÉ, ALGÉRIE, CORSE

XV. — PROVENCE

XVI. — VIVARAIS

XVII. — ROUSSILLON, FOIX, ROUERGUE, QUERCY

XVIII. — GUYENNE

XIX. — GASCOGNE

SÉJOUR A REIMS

Nous avons obtenu des Frères du Pensionnat, rue de Venise, les conditions favorables qui suivent : Coucher en dortoir, petit déjeuner, diner et souper, 4 fr. par jour; 2 fr. pour le repas du samedi soir. Les Congressistes qui coucheront à l'Hôtel pourront prendre les repas de midi et du soir au Pensionnat : 2 fr. par repas.

Des bons de repas et de logement seront délivrés au Secrétariat contre paiement, afin que les Frères n'aient pas la peine de s'occuper de ces détails.

Hôtel du Commerce, 2, rue Robert-de-Coucy : Chambre, 2 fr. 50; déjeuner, 3 fr.; diner, 3 fr. 50.

Hôtel Jeanne-d'Arc, 11, rue Libergier : Chambre à deux personnes, 3 fr.; à une personne, 2 fr.; manger à prix fixe, 1 fr. 50 et au-dessus.

Hôtel et Restaurant Roger, 65, place d'Erlon : Chambre à deux lits, 4 fr.; chambre à un lit, 2 fr.; déjeuner et diner, 2 fr. 50.

Grand-Hôtel, rue Libergier : Chambres de 2 fr. 50 à 5 fr.; déjeuner, 3 fr. 50; diner, 4 fr.

Hôtel du Lion-d'Or : Chambre, 4 fr.; déjeuner à la carte; diner à 4 fr.

TARIF DES VOITURES DE PLACE

	2 PLACES		3 ou 4 PLACES		2 Chevaux, 4 PLACES	
	Jour	Nuit	Jour	Nuit	Jour	Nuit
DANS les LIMITES de l'OCTROI :						
La Course	1 »	1 40	1 25	1 75	1 40	1 90
La demi-heure.......	1 25	1 50	1 40	1 75	1 75	2 »
L'heure	2 »	2 80	2 25	3 »	2 80	3 25
HORS des LIMITES de l'OCTROI :						
L'heure.............	2 25	3 »	2 50	3 25	3 »	3 25
Chaque colis........	0 20	0 20	0 20	0 20	0 20	0 20

Hors des limites de l'octroi, tarif kilométrique (à 0.60 par kil.), quand on ne prend la voiture que pour l'aller.

40996 — Reims, Imprimerie de l'Archevêché (N. Monce, dir.), rue Pluche, 24.